LES ACTIONNAIRES DOIVENT-ILS VENDRE

LE

CANAL DE SUEZ

ET A QUEL PRIX

OU

VALEUR RÉELLE DU CANAL

PAR

P. BOUNICEAU

Ingénieur

PARIS

DENTU, ÉDITEUR

PALAIS-ROYAL

1872

ANGOULÊME. — IMPRIMERIE A. NADAUD ET Cⁱᵉ, REMPART DESAIX, 26.

LE

CANAL DE SUEZ

ET A QUEL PRIX

ou

VALEUR RÉELLE DU CANAL

PAR

P. BOUNICEAU

Ingénieur

PARIS

DENTU, ÉDITEUR

PALAIS-ROYAL

—

1872

Angoulême. — Imprimerie Charentaise de A. Nadaud et C*,
rempart Desaix, 25.

LES ACTIONNAIRES DOIVENT-ILS VENDRE

LE

CANAL DE SUEZ

ET A QUEL PRIX

Lorsqu'on traite une question avant d'en posséder tous les éléments, on s'expose à faire fausse route. Nous ne donnons donc pas cette étude comme une opinion définitive, mais comme un essai. C'est, en quelque sorte, un voyage à la découverte. Il vaudrait mieux, sans doute, attendre d'avoir tous les documents pour écrire; nous l'avons pensé tout d'abord et voulions les réunir : nous nous sommes heurté à un obstacle imprévu que nous devons faire connaître.

L'un des éléments les plus importants est la dépense annuelle de l'exploitation du canal. Nous avons demandé à l'administration de la Compagnie d'en publier pour les actionnaires les chiffres détaillés, et nous n'avons pu l'obtenir. Le rapport de M. Ferdinand de Lesseps, au nom du conseil d'administration, lu à l'assemblée générale du 20 juillet 1871, porte les dé-

penses de l'entretien annuel du canal et du fonctionnement des ateliers de réparation à..... 1,700,000 f.

Il porte les dépenses des divers ser-
vices nécessaires au fonctionnement de
la Compagnie à................... 2,930,000

TOTAL........... 4,630,000

C'est le détail des deux chiffres 1,700,000 fr. et
2,930,000 que nous demandions. N'est-il pas du devoir de ceux qui ont en main les intérêts des actionnaires de dire comment, pour gérer un entretien de
1,700,000 fr., on dépense 2,930,000 fr. ? Ce dernier
chiffre surtout nous paraît considérable.

Un architecte prend 5 0/0 de la dépense d'une construction pour se couvrir de tous ses frais d'administration et pour ses honoraires. A une époque antérieure,
les chefs des travaux publics, interpellés sur les dépenses
de leur personnel et de leur administration, qu'on taxait
de considérables, démontrèrent qu'elles ne s'élevaient
pas à plus de 2 1/2 0/0, ou un quarantième de toutes
les dépenses. Au Canal de Suez, les frais correspon-
dants sont de 172 0/0, c'est-à-dire 34 fois plus
considérables que dans le premier et 68 fois plus considérables que dans le second des deux cas que nous
venons de citer. S'il est permis de dire que la comparaison n'est pas juste, n'est-il pas permis de demander
en quoi elle ne l'est pas, et comment un écart aussi
considérable peut se motiver ?

S'il était question des agissements de la Compagnie
au sujet de la direction des travaux, de la responsabi-
lité qui lui incombe et de l'initiative qu'elle tiendrait à

conserver, un refus serait plus concevable ; mais quand il s'agit de faire connaître le détail des dépenses faites pour un exercice passé et le détail de celles à faire (ou projet de budget) pour l'exercice suivant, peut-on en refuser la connaissance aux intéressés ? Si celui qui en fait la demande déclare, comme nous l'avons fait, qu'il n'élève aucun doute sur l'honnêteté des administrateurs, et s'il écarte ainsi tout soupçon d'une attaque blessante, a-t-on un motif de se retrancher dans le silence ? Les actionnaires le jugeront.

Pour nous, obligé d'écrire sans ce document essentiel, nous supputerons certains chiffres pour suppléer à ceux qu'on nous a refusés. Nous cheminerons dans notre étude sans discuter ni les prévisions du conseil d'administration dans sa séance du 19 janvier dernier, ni celles de quelques journaux financiers qui semblent désespérer de la situation des actionnaires. Nous suivrons pas à pas les faits positifs, de manière à ce que chacun puisse en déduire ses conclusions. Nous nous contenterons d'indiquer les nôtres, dans l'état actuel des renseignements connus, sans aucune prétention de les imposer à personne.

I.

Pour que le Canal de Suez soit vendu par les actionnaires, il faut qu'on leur offre la réalisation immédiate, sous la réserve d'un escompte de 5 0/0, des bénéfices que doit leur apporter le canal. Il faut, en outre, qu'il y ait, dans le monde des affaires, des hommes ayant des intérêts supérieurs à la question d'argent immédiate. Si, en effet, ils donnent aux actionnaires ce qui leur revient à juste titre, ils ne feront aucun bénéfice matériel immédiat.

Quant aux actionnaires, ils ne gagneraient rien eux-mêmes, aujourd'hui, à vendre le canal à son exacte valeur. Ils pourraient cependant s'y décider par la perspective de pouvoir, avec leur capital, se livrer à des entreprises nouvelles. Ce serait un de ces échanges où les deux parties contractantes trouvent, chacune de leur côté, un intérêt de convenance. Les transactions de cette espèce se rencontrent tous les jours dans le monde, et c'est ainsi que des capitalistes trouvent leur compte à convertir leur fortune mobilière en terres, en même temps que des propriétaires trouvent aussi le leur à convertir leurs terres en argent, quoique pourtant les valeurs intrinsèques des deux objets échangés aient été débattues avec soin et puissent être considérées comme égales au moment de l'échange.

Suivons cette comparaison, nous y trouverons quelques rapprochements utiles. Le capitaliste qui achète une terre à un propriétaire a conçu la pensée de faire mieux que lui. Il a aperçu des surfaces incultes qu'il fécondera, il introduira des procédés économiques, il emploiera de nouveaux engrais, il admettra des cultures nouvelles. Croit-on de même qu'une compagnie qui achèterait le Canal de Suez n'aurait pas la pensée de mettre en exploitation, soit par des cultures, soit par des établissements divers, les surfaces que l'administration est forcée de négliger ou de vendre à bas prix, parce qu'elle est pauvre et qu'on n'a plus assez de confiance en elle pour lui confier de nouveaux capitaux ? Croit-on que cette même Compagnie dépenserait 2,930,000 fr. pour administrer une dépense d'entretien de 1,700,000 fr. et une recette qui n'exige que deux ou trois bureaux de perception ? Croit-on qu'elle n'appliquerait pas des procédés économiques à l'exploitation du canal, procédés économiques que la Compagnie actuelle, dominée peut-être par des errements que l'habitude a créés, ne peut pas appliquer ? Si, pour tirer parti de son œuvre et des ressources diverses qu'elle présente, la Compagnie actuelle était obligée de recourir à certaines avances de fonds et de les demander à ses actionnaires ou au public, croit-on qu'elle les trouverait, aujourd'hui que la confiance dans la sûreté de ses vues économiques et de sa gestion administrative est ébranlée ?

Si le Khédive était acquéreur du canal, pense-t-on qu'il ne pourrait pas l'adjoindre à l'administration actuelle des travaux publics de son empire, et qu'il n'économiserait pas la plus grande partie des frais qu'entraîne aujourd'hui une administration spéciale complète ? Le Khédive, n'ayant pas à subir la pression des créanciers du canal, aurait tout le temps de vendre les terrains à leur valeur et ne serait pas obligé de les céder à un prix inférieur pour obéir aux exigences de son budget. Ne trouverait-il pas dans sa situation la force morale nécessaire pour se faire solder, sans conteste, le péage selon la capacité des navires, péage que l'administration actuelle du canal semble ne pas oser appliquer, quoiqu'elle en ait le droit ? Le concert des négociants et navigateurs intéressés ne s'établirait-

il pas mieux à la suite d'un appel du vice-roi et du
Sultan, son protecteur, qu'à l'appel de la Compagnie
française?

Au Canal de Suez, comme en matière de propriétés
ordinaires, l'acheteur peut, tout en payant le canal à
la valeur qu'il a entre les mains de la Compagnie, voir
dans son acquisition un espoir de bénéfices nouveaux.
Ce sujet pourrait se développer davantage, mais nous
nous en tiendrons là; le jugement du lecteur y sup-
pléera.

Si c'est une compagnie, soit française, soit anglaise,
soit internationale, qui se présente pour acheter le
canal, rien ne sera changé au point de vue des intérêts
du commerce du monde, puisque les statuts resteront
ce qu'ils sont, et continueront de présenter aux négociants et aux navigateurs des peuples divers les garanties qu'ils présentent aujourd'hui sous le rapport du
péage et de l'exploitation, garanties qui consistent,
d'après l'acte de concession, à percevoir au plus 10 fr.
par tonne de capacité et à traiter tous les pavillons sur
le pied d'une égalité parfaite pour les perceptions de
tout ordre, perceptions que la Compagnie s'est réservé
le droit de régler et de modifier dans la limite des 10 fr.
que nous avons indiqués.

Si le Khédive achetait le canal, la situation pourrait
se modifier pour le commerce général. Le vice-roi de
l'Égypte a déclaré solennellement, dans l'acte de concession « le canal et les ports en dépendant ouverts
« à toujours, comme passage neutre, à tout navire de
« commerce traversant d'une mer à l'autre, sans aucune
« distinction, exclusion ni préférences de personnes ou

« de nationalités, moyennant un droit (1) de 10 fr. par
« tonneau de capacité des navires et par tête de passa-
« ger (2). » Cette déclaration solennelle est un engagement vis-à-vis de la Compagnie (3) qui a dépensé la
somme que le canal a coûtée, et tant qu'elle sera présente, elle s'élèvera avec énergie contre toute violation
de la lettre de son acte de concession. Mais si la Compagnie disparaissait, le vice-roi ne pourrait-il pas
élever la taxe à son profit ou à celui du Sultan ? Ne pourrait-il pas, dans certains cas, surtaxer le pavillon d'une
nationalité à titre de représailles, parce que celle-ci
aurait imposé à sa douane certains produits égyptiens ?

Qu'y a-t-il de plus légitime que l'acte des États-
Unis frappant les produits étrangers d'une taxe élevée
pour payer les frais de la guerre de sécession ? Quoi
de plus légitime qu'un acte analogue de la part de la
France écrasée par un impôt de guerre ? Quoi de plus
légitime qu'un acte analogue de la part du Sultan et
du Khédive en cas de guerre ou de disette, ou de tout
autre fléau ? Et s'ils invoquaient les nécessités de leur
budget pour surtaxer le passage du canal, qui songe-
rait à y faire sérieusement obstacle ? Personne, pas
même la compagnie créatrice, puisqu'elle n'existerait
plus, et que le propriétaire serait le vice-roi seul.

Ces choses n'arriveront pas, sans doute, et l'on aurait tort de les appréhender ; cependant elles seraient

(1) Art. 14 de l'acte de concession du 5 janvier 1856.
(2) Art. 17, *idem.*
(3) Le mot compagnie s'entend ici de celle qui existe ou de toute
autre qui serait subrogée à ses charges et droits.

possibles, ou tout au moins d'une application plus facile, si la Compagnie disparaissait. Il est donc de l'intérêt des négociants et armateurs de l'occident de l'Europe de soutenir la Compagnie, de l'étayer de tous leurs efforts, de lui redonner la virilité qui semble vouloir lui échapper, et qui lui échappe en fait, puisqu'elle n'a pas encore pu réaliser complétement l'emprunt de 20 millions au taux considérable de 9 0/0. Ce secours des négociants et armateurs de tous pays n'est pas un don ni un prêt qui leur sera demandé, c'est un acte de justice, c'est le paiement légitime du prix de passage de leurs navires au taux fixé par l'acte de concession ; et pour qu'il soit prouvé aux yeux des mêmes négociants et armateurs que ce concours de leur part recevra un emploi sérieux, il sera du devoir des actionnaires d'exiger que le compte détaillé des dépenses soit rendu public, et que si les hommes honorables qu'elle a mis à sa tête dépensent en frais d'administration une somme trente-quatre à soixante-huit fois plus grande que cela n'a lieu d'ordinaire, il y a pour cela des raisons valables, exceptionnelles, qui devront être motivées et démontrées, non d'une manière générale et par chapitres, mais avec un soin particulier et par articles de dépenses.

Les négociants et armateurs n'ont pas refusé de se rendre à l'acte de justice dont nous parlons, puisqu'il ne leur a pas été demandé ; le conseil d'administration de la Compagnie ne le leur a pas demandé, par une munificence qui a pu avoir ses motifs. Aujourd'hui qu'elle est trop lourde pour son état financier et trop préjudiciable à ses actionnaires, elle ne saurait tarder à user de son droit. Mais si elle s'y refusait, ou si elle était impuissante, ou si elle n'avait pas gain de cause, il pourrait advenir que les actionnaires eussent intérêt à vendre le canal. Nous avons donc à examiner deux questions : 1° Que sont les actionnaires ? 2° Que vaut le canal ?

II.

C'est la France qui a fourni le plus grand nombre des actionnaires. Les uns ont été entraînés par la perspective qui leur a été offerte du passage de 6 millions de tonnes et d'une perception de 60 millions pour une dépense de 200 millions ou un revenu de 30 0/0. Les autres ont été conduits par la pensée qu'il y avait une gloire pour la France à créer le Canal de Suez ; ils s'appellent les actionnaires de la première heure. La baisse considérable que les actions ont éprouvée sur le marché prouve qu'une grande partie a vendu ses titres. Leurs acquéreurs sont les actionnaires de la dernière heure. Sans eux les titres seraient tombés plus bas encore qu'ils ne l'ont fait, et leur avilissement eût porté un coup tellement fatal à la Compagnie, que son crédit aurait pu être anéanti.

Les derniers ont donc eu leur utilité comme les premiers, et, de plus, ils ont généralement l'habitude des spéculations et des affaires, l'habileté qu'elle donne et la ferme volonté de n'avoir point fait une acquisition inutile. Le temps est venu pour eux de se rendre compte de la réalité ou de l'inanité de leurs espérances, et d'apporter à l'œuvre une nouvelle collaboration aussi utile que celle qui a consisté, de leur part, à sauver les titres d'une dépréciation plus profonde encore que celle qu'ils ont subie. Ils ne peuvent ni voir clair dans leur tentative de spéculation, ni donner une collaboration efficace à la direction par leurs conseils et leurs votes, sans voir clairement dans le fond de toute l'affaire, sans qu'on ait publié pour eux le compte détaillé et l'emploi motivé des dépenses. Si le canal doit être vendu, comment parviendraient-ils à apprécier approximativement sa valeur sans cet élément essentiel? Le conseil d'administration doit donc s'attendre à une insistance virile de leur part, et le mieux serait d'aller au-devant d'elle et de la prévenir en leur donnant une légitime satisfaction.

Nous pouvons donc dire que les actionnaires du Canal de Suez sont des hommes décidés à se faire rendre justice et capables de l'obtenir. Cette justice consiste aujourd'hui en deux points : le premier, la publicité des comptes dont nous venons de parler ; le second, le paiement de la taxe de 10 fr. au tonneau de capacité. Pour satisfaire au premier point, il suffira au conseil d'administration de livrer à un imprimeur sa comptabilité de l'exercice passé et son projet de budget de l'exercice suivant, en les disposant avec ordre et clarté.

Le second point demande quelques développements pour être compris.

Lorsqu'un navire a quitté son chantier de construction pour prendre la mer, il est soumis à une opération qui consiste à mesurer ses trois dimensions : longueur, largeur et profondeur. Les formes du navire n'étant pas définies géométriquement à cause de ses formes curvilignes, on ne prend pas ses trois dimensions réelles, qui sont en quelque sorte insaisissables, et l'on prend trois mesurages conventionnels. Leur produit par voie de multiplication arithmétique donne la capacité conventionnelle que l'on nomme jauge officielle, et qui est inscrite sur les papiers du bord, papiers qui sont le passeport du bâtiment. Cette jauge diffère de la capacité réelle, à tel point qu'un navire dont la capacité pour le transport est de 150 tonneaux a pour jauge officielle 100 tonneaux. Ces chiffres varient dans de certaines limites, selon les nationalités et le genre des navires. Ainsi, l'écart de la jauge officielle à la capacité réelle est moins grand en France qu'en Angleterre, et moins grand en Angleterre qu'aux États-Unis (1). En tout cas, la proportion que nous donnons de 100 à 150, qui constitue une différence de 50 0/0, peut être considérée comme un minimum. Par conséquent, la Compagnie, en taxant les navires à 10 fr. le tonneau, d'après leur jauge officielle, au lieu de les taxer d'après leur capacité réelle, perd 50 0/0 de sa recette, et comme elle a perçu en 1870 et 1871 un péage de 15 millions, elle a perdu une somme de 7 millions et demi. Aujourd'hui que le péage s'élève à environ 1 million par mois, elle perd par mois la somme de 500,000 fr. De sorte que la Compagnie, qui est pauvre, qui ne trouve

---

(1) Il y a aussi des variations pour les navires d'une même nationalité selon qu'ils sont à voiles ou à vapeur. Les lecteurs trouveront des détails circonstanciés en même temps qu'exacts et consciencieux dans le rapport inséré en janvier 1872, par M. Charles Lesseps, au journal intitulé *Canal des deux mers.*

plus à emprunter, qui se débat contre la faillite, et qui déjà est en retard en présence de ses porteurs d'actions, gratifie en ce moment le commerce du monde d'une somme mensuelle d'un demi-million.

Le *Times,* qui jouit d'une considération incontestée, a traité dans deux articles la question du Canal de Suez, et son second article, qui est inséré dans son numéro du 22 décembre 1871, et qui traite plus particulièrement la question de la vente du canal, conclut en disant : « Ce que l'Angleterre désire, c'est « simplement que la Compagnie du Canal de Suez « prospère, qu'elle entretienne le canal, se borne à « n'être qu'une compagnie commerciale et se tienne « scrupuleusement à l'écart de la politique. » Comment la Compagnie du Canal de Suez prospérerait-elle, comment entretiendrait-elle le canal, comment se bornerait-elle à n'être qu'une compagnie commerciale et se tiendrait-elle scrupuleusement à l'écart de la politique, comment, en un mot, satisferait-elle les vœux de la riche Angleterre, si celle-ci, au lieu de lui payer intégralement ce qu'elle lui doit, continuait à lui demander un sacrifice mensuel qui est aujourd'hui d'un demi-million, et qui croîtra tous les ans proportionnellement à l'accroissement de la circulation dans le canal ? C'est l'Angleterre qui profite pour les cinq sixièmes du préjudice que souffre en ce moment la Compagnie universelle de Suez, et nous en avons trouvé la preuve dans les tableaux officiels du commerce (1),

---

(1) Tableau général du commerce de la France avec les colonies et les puissances étrangères, années 1848, 1852, 1856, 1860, 1864,

qui relatent d'une façon irréfragable que sur 2,950,000 tonnes qui représentaient en 1868 le commerce de l'Occident avec l'Orient, il y en avait 2,500,000 à l'avoir de l'Angleterre ; 300,000 à celui de la Hollande ; 100,000 à celui de la France, et 50,000 à celui de la Belgique, de l'Espagne et des autres nations.

Si le *Times* a été, dans son article du 22 décembre 1871, l'organe du commerce anglais, nos voisins d'outre-Manche ne marchanderont pas à la Compagnie ce qui lui est dû de plein droit et s'empresseront de le lui solder pour lui assurer la vie, et quand ils auront montré l'exemple, ce ne sont pas les négociants des autres nations qui, réunies, n'ayant à donner que la sixième partie du complément légitime, songeront à réclamer.

L'article 17 de l'acte de concession porte que la Compagnie est autorisée « à établir et percevoir... des « droits... suivant des tarifs qu'elle pourra modifier à « toute époque sous la condition expresse... ; 2° de « publier ces tarifs, trois mois avant la mise en vigueur, « dans les capitales et les principaux ports de com- « merce des pays intéressés ; 3° de ne pas excéder, « pour le droit spécial de navigation, le chiffre maximum « de dix francs par tonneau de capacité des navires... »

Par conséquent, le conseil d'administration de la Compagnie n'a pas à convoquer au préalable un con-

---

1868. — Tableau análoguo publié par le gouvernement anglais, années 1853, 1856, 1860, 1864 et 1868. — Statistic tables relating to foreign countries, compiled chiefly from the official returns of the respective countries, presented to both houses of the Parliament (1868).

grès des puissances commerciales ; il ne lui est pas nécessaire de convoquer une assemblée générale des actionnaires pour agir ; il lui suffit de publier dès ce jour qu'elle réglemente la taxe à 10 fr. par tonneau de la capacité réelle, et dans trois mois elle pourra faire la perception sur cette base. A ce moment, il se présentera une difficulté. Nous la croyons réelle, puisqu'elle a fait reculer jusqu'à ce jour le conseil d'administration de la Compagnie, mais nous ne la croyons pas insurmontable, et nous allons indiquer une solution qui nous paraît pratique, en attendant qu'un concert ultérieur entre les principales chambres de commerce du monde commercial, d'une part, et la Compagnie, d'autre part, ait établi une règle fixe et une base de jauge facile et applicable à tous les pavillons.

Nous supposons qu'un navire se présente à Port-Saïd pour entrer dans le canal. Nous choisissons le cas le plus important, celui d'un navire à vapeur de grande dimension, et nous établissons le colloque probable entre le receveur de la Compagnie et le capitaine.

Le Receveur. — Quelle est la capacité réelle de votre navire ?

Le Capitaine. — Je l'ignore. Je ne connais pas d'autre jauge que celle qui est officielle et inscrite sur les papiers de mon bord.

Le Receveur. — Quelle est-elle ?

Le Capitaine. — 1,000 tonneaux.

Le Receveur. — L'avis que je ferais la perception selon la capacité réelle et non selon la jauge officielle a été affiché, il y a trois mois, dans votre port d'attache, ou du moins dans le grand port le plus voisin ; il a été

inséré dans les journaux ; par conséquent, votre armateur a été informé à temps et aurait dû annexer aux
papiers du bord le chiffre qu'il entend attribuer à la
capacité réelle de son navire. Puisqu'il ne l'a pas fait,
nous allons y procéder ensemble.

Le Capitaine. — Je ne saurais m'y refuser, puisque
vous en avez le droit.

Nous ferons remarquer ici que le receveur de la Compagnie devra avoir pour collaborateur un agent mesureur capable de faire le métrage approximatif des espaces libres du navire. Continuons :

Le Capitaine. — Je vous ferai remarquer que l'espace
qui est de ce côté est rempli du charbon destiné au
chauffage de ma machine. C'est un instrument de
navigation. Si vous taxez mes soutes à charbon, vous
découragez la navigation à vapeur, de laquelle surtout
vous pouvez attendre la prospérité du canal.

Le Receveur. — Votre observation me semble juste :
je l'admets sous toutes réserves de droit et je ne mesurerai pas les soutes. Je ne mesurerai pas non plus l'em-
placement nécessaire aux chambres des matelots, et je
ne prendrai pas l'initiative de taxer d'autre espace que
celui destiné au transport des marchandises ; mais il
est de mon devoir de le taxer en entier. L'opération de
mon mesureur prouve que votre capacité est de 1,650
mètres cubes ; en conséquence, je vous taxe à raison de
1,650 tonneaux de France.

Le Capitaine. — Votre appréciation est trop élevée,
et mon navire qui est, vous le voyez, chargé complète-
ment, ne porte pas plus de 1,500 tonneaux de France.
Voici mes papiers qui le constatent.

Le Receveur. — J'accepte provisoirement votre chiffre, tant pour votre entrée dans le canal que pour votre retour des Indes ; mais à votre prochain voyage vous vous munirez d'un mesurage détaillé fait par les soins de votre armateur, et, de mon côté, je prendrai les instructions de la Compagnie. Nous tâcherons alors de tomber d'accord sur un chiffre qui sera désormais la base de la taxe de votre bâtiment, jusqu'à ce que l'une des deux parties croie avoir intérêt à réclamer, ou jusqu'à ce que le concert des armateurs de tout pays ait amené une entente commune sur le mode de jaugeage. Celui de nous qui aura bénéficié d'une erreur en tiendra compte à l'autre après l'entente que je viens d'indiquer.

Le Capitaine. — Je trouve votre taxe encore trop élevée. Je vais payer pour passer sans perdre de temps, mais je fais mes réserves.

Le Receveur. — Je vous donne acte de vos réserves et je vous rembourserai le trop-payé, comme, s'il y a lieu, vous me rembourserez dans le cas contraire. Nous n'avons plus qu'à signer en double le procès-verbal de notre opération.

Des formules de procès-verbaux pourront, après quelques essais, être imprimées à l'avance, et comme il ne se présente guère que quinze nouveaux navires par mois, le colloque et l'opération que nous venons d'indiquer ne se présenteront pas souvent et ne sauraient être objectés comme un embarras sérieux.

Nous ne pouvions faire autrement pour expliquer nettement notre pensée que de supposer un exemple particulier. La plupart des cas peuvent s'y rattacher.

S'il s'agissait d'un navire à voiles, le receveur ne compterait pas les espaces nécessaires au logement des hommes du bord. On m'objectera peut-être que dans certains cas les armateurs feront faire des soutes trop grandes, des chambres trop spacieuses, afin de les bourrer de marchandises. Ce cas pourra en effet se présenter ; mais il sera l'exception, et les vérificateurs de la perception ne tarderont pas à s'en apercevoir et à dénoncer le fait. Il y a des cas aussi où l'on surcharge un navire en accumulant des colis sur le pont. La Compagnie ne peut pas prévoir de semblables éventualités et avoir une police d'une extrême rigueur. Dans les grandes affaires, on ne descend pas sans inconvénient, à l'égard de sa clientèle, dans des détails d'un certain ordre.

On voit d'après ce qui précède qu'il n'est point impossible au conseil d'administration du canal d'appliquer dès ce jour le tarif qui lui est dû. Le mode de perception pourra s'améliorer encore par la pratique et avec le secours des conférences qui auront lieu entre les parties intéressées ; mais il ne paraît pas possible au conseil d'administration de la Compagnie de dire aux actionnaires que les conférences doivent être préalables, et qu'en conséquence il y a lieu d'ajourner.

S'il se manifestait de l'incurie de la part des administrateurs du canal et des résistances énergiques de la part du commerce, à tel point que la perception légitime ne pût pas être faite, il serait permis aux actionnaires de transmettre leur propriété à un successeur plus puissant qu'elle-même, et nous sommes conduit dès lors à rechercher quelle est la valeur du canal et à quel prix il pourrait être vendu.

III.

La France publie chaque année un tableau général de son commerce avec les colonies et les puissances étrangères. L'Angleterre publie un tableau semblable ; de plus, elle édite un tableau analogue pour chaque nation commerciale du monde. Il résulte de l'analyse des tableaux français et anglais pendant une période d'environ vingt années, comprise entre 1848 et 1868 :

1° Que le mouvement de la navigation, à l'entrée et à la sortie, de l'Occident avec les pays pour lesquels le Canal de Suez offrira un avantage important, était en 1868 de 2,950,000 tonnes de jauge officielle ;

2° Que ce chiffre s'augmente annuellement de 65,000 tonnes (1). Il est permis d'admettre que les facilités données par le canal porteront l'augmentation annuelle à 100,000.

La France a fait dernièrement une enquête sur la marine marchande, qu'on trouve relatée dans le *Journal officiel* de 1870 ; il en résulte :

Que pour toute ligne de navigation, quelque longue qu'elle soit, il est possible de créer des steamers assez longs pour transporter la marchandise à aussi bon compte que les voiliers, pourvu qu'on ait un fret suffisant ;

---

(1) L'accroissement annuel a été de 200,000 tonnes de 1852 à 1856 ; il a été de 112,000 tonnes de 1856 à 1864, et de 65,000 tonnes de 1864 à 1868.

Que les navires à voiles envoyés dans l'Inde, la Chine, les mers du Sud en sont évincés par des paquebots à vapeur venant de Bordeaux, Hambourg, Southampton, Marseille ;

Que l'avenir de la navigation est aux navires à vapeur mixtes en fer.

Les faits accomplis depuis l'époque de l'enquête ont confirmé ces appréciations, et il n'est plus désormais possible de supposer que le commerce de l'Orient avec l'Occident prenne une autre voie que le canal de Suez. Les 2,950,000 tonnes que nous avons signalées et que nous avons triées, à l'exclusion de tout ce qui offrait quelque doute sur le chemin à suivre, prendront donc le Canal de Suez, et il est permis d'apprécier approximativement aujourd'hui le délai nécessaire à cette évolution.

L'année 1870, la première de la mise en exploitation du canal, a donné passage à 500,000 tonnes de jauge. Ainsi, on a passé du premier coup de zéro à 500,000.

L'année 1871 a donné 900,000 tonnes. Il est bien permis de supposer que sans les événements militaires le chiffre eût été de 1 million, et de penser que le chiffre 500,000 de la première année marque l'étape du progrès, qui ne s'arrêtera qu'au moment où les 2,950,000 tonnes du trafic de 1868, dues aux relations anciennes, augmentées des 100 tonnes du progrès annuel, seront atteintes. Cependant, comme le monde ne se remet pas du jour au lendemain de secousses aussi fortes que celles d'une grande guerre, nous acceptons le chiffre de 400,000 tonnes comme l'expression du progrès annuel, et nous reconnaissons qu'en 1879 le canal livrera passage à tout le commerce, qui sera alors d'environ 3,980,000 tonnes de jauge officielle ou de 5,970,000 tonnes de capacité réelle, devant représenter alors la somme de 59,700,000 fr., devant se reproduire annuellement, en s'augmentant à chaque année de 1 million 500,000 fr. pour les 100,000 tonnes d'accroissement. Afin d'avoir la valeur du canal à la fin de 1879, il faut retrancher de 59,700,000 les charges de l'entreprise (1) ; elles s'élèvent, d'après le rapport de M. de Lesseps du 9 janvier 1872, à 16,180,000 fr. D'après la lettre de M. Guérin, de Lyon, insérée au numéro du 18 janvier du journal *le Canal des deux mers*, elles pourraient être réduites de 1 million et seraient de 15,180,000 fr. D'après notre lettre du 28 juillet 1871, insérée au même journal le 11 janvier 1872, elles pourraient être réduites de 3 millions, et seraient ainsi amenées au chiffre de 13,180,000 fr. Nous prendrons, jusqu'aux éclaircissements dont nous demandons la publication, un chiffre intermédiaire, et nous supputerons les charges à 14,180,000 fr. Le revenu net en 1879 sera alors de 45,380,000 fr. qui, au taux de 5 0/0, correspond au capital de 907,600,000 fr. Telle sera en 1879 la valeur du canal, en ce qui concerne le revenu du passage seulement (2). En l'escomptant à 5 0/0, comme payable à la fin de 1872, c'est-à-dire en

---

(1) Les charges sont l'intérêt des obligations et bons trentenaires, leur remboursement, l'entretien du canal et de ses accessoires et les frais d'administration.

(2) Nous parlons plus loin de la valeur des meubles et immeubles appartenant à la Compagnie.

faisant porter l'escompte sur sept années, nous trouvons pour valeur, à la fin de 1872, une somme de 645,000,000 fr.; il faudrait y ajouter la valeur qu'auraient, à dire d'experts, au moment de la vente, ceux des meubles et immeubles qui sont du domaine de la Compagnie et qui ne sont pas indispensables à l'exploitation de la voie navigable. Les documents nous manquent pour apprécier cette valeur, et nous porterons en nombre rond à 650 millions la valeur que le canal aura acquise en 1879, payable actuellement. Déjà, à cette époque, les obligations, les actions, les délégations, les bons trentenaires auront reçu leur arriéré et les intérêts courants, de sorte que la valeur de 650 millions est nette de toute charge, ce qui porte la valeur de chaque action déjà indemnisée de tous intérêts en retard à 1,625 fr. (1). Elles ont donc une valeur triple du pair.

Ce tableau de la valeur du canal s'assombrit profondément si l'on examine les conséquences du système de perception de la Compagnie et de ses frais élevés d'administration. Si l'on applique ce système aux chiffres de fréquentation que nous avons adoptés pour le précédent calcul, et si l'on adhère aux conclusions présentées récemment au conseil d'administration de la Compagnie (2), on reconnaît : qu'en 1874 la Compa-

---

(1) Nous ne mentionnons pas spécialement les délégations qui ont leur représentation dans un chiffre de 176,000 actions faisant partie des 400,000 actions de la création.

(2) « A l'expiration de l'année courante..., les actionnaires... « n'auront plus qu'à recueillir, à leur profit exclusif, toute recette « supérieure à 16 millions de francs. » (Séance du 9 janvier 1872.)

gnie paiera le 2ᵉ coupon arriéré de 1870 aux actions;
qu'en 1875 elle paiera le 1ᵉʳ et le 2ᵉ coupon arriérés de
1871; qu'en 1876 elle paiera les deux coupons arriérés
de 1872; qu'en 1877 elle paiera les quatre coupons
arriérés de 1873 et 1874; en 1878, ceux de 1875
et 1876; en 1879, ceux de 1877 et 1878; en 1880,
ceux de 1879 et 1880; qu'enfin en 1881 apparaîtra
un premier dividende, en supposant toutefois qu'on
ne fasse point de réserve.

Ainsi la Compagnie, si elle persiste dans ses errements actuels, sera maintenue en faillite partielle
vis-à-vis de ses actionnaires jusqu'en 1880, et c'est
à cette époque seulement que les actions vaudront le
pair en capitalisant leur revenu au denier 20 et en
supposant, en outre, que tout se passe sans accident
ni incident défavorable. Cet état de faillite sera conjuré
en demandant au commerce anglais ce qu'il nous doit;
je dis le commerce anglais, parce que sa part du trafic
entre l'Orient et l'Occident est de 2,500,000 sur
2,950,000 tonnes, c'est-à-dire des 5/6. S'il le refusait,
contre tout droit et toute justice, et si la Compagnie
vendait le canal, il est possible qu'il n'eût rien à gagner
à un tel changement, ainsi que nous l'avons déjà
expliqué.

Dans une situation pareille, celle où le conseil d'administration de la Compagnie demanderait au commerce anglais de s'exécuter et où celui-ci trouverait
des moyens de se soustraire à son devoir, les actionnaires auraient intérêt à vendre leur propriété à celui
qui leur rembourserait leur capital et leurs coupons
arriérés, et qui prendrait l'engagement valable de con-

tinuer le service des obligations et des bons trentenaires créés en 1871. Nous disons qu'ils y auraient
intérêt, car si on leur escomptait en 1872 la valeur
réelle qu'aurait le canal dans ce cas, ils n'auraient
pas à se partager plus de 168 millions en retour des
200 millions versés et des coupons d'actions arriérés.

Nous espérons qu'on n'arrivera pas à une pareille
extrémité. Si l'on en venait à un débat sérieux dont
on eût à craindre les conséquences, nous conseillerions
aux deux parties en présence, d'un côté le commerce
anglais pour sa grosse part et tous autres pour leur
petite part, de l'autre la compagnie du canal, d'admettre un terme qui sauverait le présent sans engager
l'avenir, et qui consisterait : 1° à admettre immédiate-
ment le péage selon la capacité réelle, jusqu'au jour
jour où le conseil d'administration aura payé tous les
coupons arriérés et fait une réserve conforme aux
usages; 2° à admettre (gracieusement de la part de la
Compagnie) qu'aussitôt après l'obtention de ce résul-
tat on se concertera pour aviser et pour faire une ré-
duction, s'il y a lieu; 3° que tous les cinq ans il y
aura une réunion des parties précitées pour examiner
de concert l'état du canal, les améliorations dont il
sera susceptible et la convenance de maintenir ou de
modifier les tarifs.

Nous avons réuni nos calculs dans un tableau placé
à la fin de cette brochure. C'est le moyen sommaire
de soumettre à correction les erreurs que nous aurions
pu faire, et qui peuvent bien échapper à la meilleure
volonté quand on manie autant de chiffres sans avoir
pour auxiliaires des vérificateurs. Nous affirmons,

en tous cas, les renseignements puisés aux sources que nous avons dites.

Nous avons consacré la dernière colonne de ce tableau à mettre en relief les sommes que prélève annuellement le commerce anglais sur les actionnaires du Canal de Suez. Les chiffres en sont élevés. La France riche paie à la Prusse pauvre une énorme rançon. Cela s'explique, car elle a encore le couteau sur la gorge. Mais que la Compagnie du Canal de Suez qui est pauvre subventionne avec tant de générosité le commerce anglais qui est riche, cela ne saurait s'expliquer.

Pourrait-on objecter que si les tarifs sont plus élevés le commerce prendra la route du Cap? Aujourd'hui que pour toute ligne de navigation la vapeur tend à se substituer à la voile, rien de semblable n'est à craindre. En tous cas, ce serait une singulière résolution que celle d'un combattant qui se suiciderait de crainte de trouver quelque blessure dans la lutte. Ce serait pourtant la conduite de la Compagnie du canal si, dans la crainte peu fondée de voir une partie du transit lui échapper, elle se résolvait à en payer la conservation de ses deniers, et ce sont bien ses deniers qu'elle donne au commerce anglais et que nous avons consignés dans la treizième colonne du tableau.

TABLEAU A L'USAGE DU TEXTE

ANNÉES.	TRAFIC entre l'Orient et l'Occident avec son accroissement annuel.	TRAFIC par le canal, avec son accroissement annuel, selon le tonnage officiel.	TRAFIC de la colonne 3 exprimé selon la capacité réelle.	PARTIE DU TABLEAU AFFÉRENTE AU SYSTÈME DE LA CAPACITÉ RÉELLE.					PARTIE DU TABLEAU AFFÉRENTE AU SYSTÈME DU TONNAGE OFFICIEL.			PROFIT annuel du commerce anglais au mode de perception selon le tonnage officiel. (Les 5/6 des chiffres ci-dessous.)
				RECETTE annuelle ou revenu du passage selon la capacité réelle.	REVENU de la colonne 5 après déduction des charges annuelles, selon les économies proposées.	VALEUR en capital correspondant au denier 20 ou 5 p. %.	MÊME valeur escomptée à la fin de 1872 ou payable en 1872.	REVENU des actions selon la capacité réelle (colonne 6).	REVENU selon le tonnage officiel.	PART aux actions selon le tonnage officiel.	DÉTAIL DE LA SITUATION faite aux actionnaires selon le tonnage officiel.	
1	2	3	4	5	6	7	8	9	10	11	12	13
1868	2,950,000											
1869	3,015,000											
1870	3,080,000	500,000										
1871	3,180,000	900,000										
1872	3,280,000	1,300,000	1,950,000	19,500,000	5,320,000	106,400,000			13,000,000			6,500,000
1873	3,380,000	1,700,000	2,550,000	25,500,000	11,320,000	226,400,000	215,240,000	5 p. %	17,000,000	1/2 p. %		8,500,000
1874	3,480,000	2,100,000	3,150,000	31,500,000	17,320,000	316,400,000	314,190,000	8 1/2 p. %	21,000,000	2 1/2 p. %	2ᵉ coupon de 1870	10,500,000
1875	3,580,000	2,500,000	3,750,000	37,500,000	23,320,000	466,400,000	402,890,000	11 1/2 id.	23,000.000	4 1/2 id.	1ᵉʳ et 2ᵉ coupons de 1871	12,500,000
1876	3,680,000	2,900,000	4,350,000	43,500,000	29,320,000	586,400,000	482,430,000	14 1/2 id.	29,000,000	6 1/2 id.	1ᵉʳ et 2ᵉ id. de 1872	14,500,000
1877	3,780,000	3,300,000	4,950,000	49,500,000	35,320,000	706,400,000	553,480,000	17 1/2 id.	33,000,000	8 1/2 id.	1ᵉʳ et 2ᵉ coupons de 1873 et 1874	16,500,000
1878	3,880,000	3,700,000	5,550,000	55,500,000	41,320,000	826,400,000	616,672,000	20 1/2 id.	37,000,000	10 1/2 id.	1ᵉʳ et 2ᵉ id. de 1875 et 1876	18,500,000
1879	3,980,000	3,980,000	5,970,000	59,700,000	45,320,000	907,600,000	643,010,000	22 1/2 id.	39,800,000	12 id.	1ᵉʳ et 2 id. de 1877 et 1878	19,800,000
1880	4,080,000	4,080,000	6,120,000	61,200,000	47,020,000	940,400,000	635,300,000	23 1/2 id.	40,800,000	12 1/2 id.	1ᵉʳ et 2ᵉ id. de 1879 et 1880	20,600,000
1881	4,180,000	4,180,000	6,270,000	62,700,000	48,520,000	970,400,000	626,970,000	24 1/4 id.	41,800,000	13 id.	1ᵉʳ et 2ᵉ coupons de 1881 et dividende	20,900,000
1882	4,280,000	4,280,000	6,420,000	64,200,000	50,020,000	1,000,400,000	614,160,000	25 id.	42,800,000	13 1/2 id.	Idem 1882 idem	21,400,000